BEI GRIN MACHT SICH IHR
WISSEN BEZAHLT

AF141220

- Wir veröffentlichen Ihre Hausarbeit,
  Bachelor- und Masterarbeit

- Ihr eigenes eBook und Buch -
  weltweit in allen wichtigen Shops

- Verdienen Sie an jedem Verkauf

Jetzt bei www.GRIN.com hochladen
und kostenlos publizieren

Iterative Entwicklung mit Versionsprotokollierung

Wie kann die Softwareentwicklung mit der Protokollierung von Änderungen einzelner Klassen und Methoden verbessert werden?

Constantin Sinowski

Bibliografische Information der Deutschen Nationalbibliothek:

Die Deutsche Nationalbibliothek verzeichnet diese Publikation in der Deutschen Nationalbibliografie; detaillierte bibliografische Daten sind im Internet über http://dnb.d-nb.de abrufbar.

ISBN: 9783346840271
Dieses Buch ist auch als E-Book erhältlich.

Druck und Bindung: Books on Demand GmbH, Norderstedt Germany
Gedruckt auf säurefreiem Papier aus verantwortungsvollen Quellen

Das vorliegende Werk wurde sorgfältig erarbeitet. Dennoch übernehmen Autoren und Verlag für die Richtigkeit von Angaben, Hinweisen, Links und Ratschlägen sowie eventuelle Druckfehler keine Haftung.

Das Buch bei GRIN: https://www.grin.com/document/1336655

Wirtschaftsingenieurwesen Digital Engineering & Management

Hochschule Fresenius onlineplus

Hausarbeit

Iterative Entwicklung mit Versionsprotokollierung

Wie kann die Softwareentwicklung mit der Protokollierung von Änderungen einzelner
Klassen und Methoden verbessert werden?

NAME: Constantin Sinowski

MODUL: Objektorientierte Programmierung
(M159)
ABGABEDATUM: 08.02.23

Inhaltsverzeichnis

Abbildungsverzeichnis

Abkürzungsverzeichnis

CI	Continuous Improvement
	(dt. KVP, *Kontinuierliche Verbesserungsprozesse*)
ECTS	European Credit Transfer System
IDE	Integrated Development Environment
DOI	Digital Object Identifier
ISBN	International Standard Book Number
KPI	Key Performance Indicator
SVN	Subversion
OA	Open Access
OOP	Object Oriented Programming
OS	Operating System
GUI	Graphical User Interface
UML	Unified Modeling Language
URL	Unique Resource Locator
VCS	Version Control System

Einleitung

Heutzutage basiert der größte Teil der Technologien, die wir verwenden, auf Software. Bei der Programmierung wird der Code erstellt, aus welcher die Software besteht. Die Programmierung hat also im Laufe der Zeit einen immer höheren Stellenwert eingenommen. Dies ist auch der Grund, warum immer mehr Programmierparadigmen und Programmiersprachen entwickelt wurde. Die Iterative Entwicklung mit Versionsprotokollierung ist ein wichtiger Ansatz für die Softwareentwicklung, bei dem Projekte in kleinen Schritten und mit regelmäßiger Überprüfung und Überarbeitung fortgesetzt werden. Durch die Verwendung eines Versionskontrollsystems werden Änderungen an der Codebasis dokumentiert und es kann jederzeit zu früheren Versionen zurückgekehrt werden, wenn Probleme auftreten. Dieser Ansatz ermöglicht es Entwicklern, kontinuierlich Feedback von Benutzern und Stakeholdern zu erhalten und darauf zu reagieren, wodurch die Qualität und die Übereinstimmung mit den Anforderungen des Projekts garantiert werden. Darüber hinaus kann die Zusammenarbeit von Entwicklern vereinfacht und beschleunigt werden, da Änderungen an der Codebasis jederzeit sicher nachverfolgt werden können. Insgesamt trägt die Iterative Entwicklung mit Versionsprotokollierung zu einem besseren Verständnis und einer größeren Kontrolle über das Projekt bei und führt zu einer höheren Qualität und Zuverlässigkeit des endgültigen Produkts.

1. Anforderungsbeschreibung

1.1. Pseudocode

Da es einige Programmiersprachen und Plattformen wie Betriebssysteme von Servern und Endgeräten gibt, muss ein Programm eventuell in mehreren Programmiersprachen verfasst werden, damit es auf allen bekannten Plattformen läuft. Zwar unterstützen einige Programmiersprachen bereits selbst mehrere Betriebssysteme, die konkrete Ausführung kann jedoch vom Betriebssystem und lokalen Einstellungen abhängen. Pseudocode ist eine textbasierte Beschreibung eines Algorithmus oder eines Programmcodes, die in einer menschenlesbaren Form verfasst ist, aber nicht unbedingt syntaktisch korrekt ist. Es wird oft verwendet, um eine Übersicht über den Ablauf eines Programms oder Algorithmus zu erstellen, bevor man den tatsächlichen Code schreibt. Es kann auch verwendet werden, um Prozesse oder Abläufe zu beschreiben, die später programmiert werden sollen. In vielen Fällen ist es effizient, zuerst Anforderungen an ein neues Programm zu beschreiben um so zu visualisieren, welche Konzepte benötigt werden, um eine Software zu erstellen, welche dem Anwendungsfall gerecht wird, indem sie sicher, leistungsfähig und nachvollziehbar strukturiert ist. Um bei der Entwicklung einer Software die Anforderungen zu beschreiben, kann dies abstrahiert und unabhängig der Programmiersprache erfolgen. Dies ermöglicht eine Visualisierung der Architektur, Daten und Schnittstellen und vereinfacht Änderungen indem der Fokus darauf gesetzt wird, den Prozess zu beschreiben.

1.2. Unified Modeling Language

Um die Funktionen einer Organisation darzustellen, welche während dem Geschäftsbetrieb nach Eintritt eines Geschehnisses ausgeführt werden, haben sich situationsbedingte Prozessketten (EPC, *Event-driven process chain*) durchgesetzt. Prozesse werden dabei als Funktionen der Tätigkeiten und Aktivitäten eines Unternehmens gesehen, welche mit bool'schen Operatoren (AND, OR, XOR) verknüpft und kombiniert werden können. Zur Visualisierung von Prozessen in der IT und Softwarearchitektur haben sich Aktivitätsdiagramme in der vereinheitlichen Modellierungssprache (UML, *Unified Modeling Language*) etabliert, da diese die Darstellung von Daten in einem Prozess und deren Verantwortlichkeiten zur Verarbeitung vereinfachen. UML bietet eine Vielzahl von Diagrammtypen, die für verschiedene Zwecke verwendet werden können, wie zum Beispiel Klassendiagramme, Aktivitätsdiagramme, Sequenzdiagramme und Zustandsdiagramme. Mit UML kann man die Anforderungen, Konstruktion und Implementierung von Software-Systemen sichtbar machen und verständlich kommunizieren (Fleischmann, Oppl, Schmidt & Stary, 2020).

2. Iterative Entwicklung

Ein Prozess ist ein Teil eines Gesamtsystems, das Wertschöpfung zum Ziel hat. Aus ökonomischer Sicht soll die Wertschöpfung ein optimales Kosten-Nutzen-Verhältnis erzielen (Benes & Groh, 2017). Das moderne Qualitätsmanagement beschränkt sich nicht nur auf die Prüfung der Produkte und Dienstleistungen, sondern betrachtet auch den jeweiligen Realisierungsprozess eines Produktes beziehungsweise einer Dienstleistung. Da auf diesen Prozess alle Bestandteile eines Unternehmens Einfluss haben, wird das gesamte System der Organisation betrachtet. Kennzahlen sind notwendig und hilfreich, um quantitativ erfassbare Sachverhalte in konzentrierter Form abzubilden. Dabei wird mithilfe des Prozesswirkungsgrades In- und Output gegenübergestellt. Es wird also auch untersucht, mit welchem Aufwand ein Ergebnis erreicht wurde. Das gilt auch für die Messung und das Kontrollsystem selbst (CI, *Continuuous Improvement*), welches iterativ verbessert wird. Eine Versionsprotokollierung unterstützt eine integrative Entwicklung, indem auf funktionierende Versionen zurückgegriffen werden kann (Hermann & Fritz, 2017).

2.1. Versionsverwaltung

Weil Dateien und Verzeichnisse, welche Bestandteil von Projekten und der Software-entwicklung sind, von mehreren Personen auf mehreren Endgeräten genutzt werden, kann es vorkommen, dass es unterschiedliche Versionen von einzelnen Dateien gibt, da keine zentrale Verwaltung protokolliert, welche Änderungen vorgenommen wurden. Die übergeordneten Ziele einer Versionsverwaltung liegen darin, den gemeinsamen Zugriff mehrerer Nutzer auf die Dateien zu koordinieren und die gleichzeitige Entwicklung mehrerer Branches (Entwicklungszweige bzw. Abspaltungen) zu ermöglichen. Typischerweise kommen Versionsverwaltungssysteme (VCS, *Version Control System*) in der Software-Entwicklung, bei Büroanwendungen und in Content-Management-Systemen zum Einsatz. Zu den bekannteren Programmen für die Versionsverwaltung zählen Apache Subversion (SVN, *Subversion*), Mercurial und Git (IONOS, 2020). Da hauptsächlich Git Anwendung findet, werden Funktionen und Anwendungsmöglichkeiten von VCS nicht weiter verglichen. Inwieweit Git Teil einer (universitären) Ausbildung sein sollte, gilt es weiter zu erforschen und zu prüfen um die Didaktik in diesem Feld zu verbessern (Beckman, et. al., 2021).

2.2. Git

Linux-Schöpfer Linus Thorvalds veröffentlichte 2005 eine neue Software zur Versionsverwaltung. Hinter Git steckt ein verteiltes Versionsverwaltungssystem. Es existiert zwar ein zentrales Verzeichnis (*engl.* Repository), in welches sämtliche Änderungen einfließen, allerdings laden sich alle Benutzer ihre eigene Arbeitskopie herunter. Dadurch haben sie das gesamte Repositorium inklusive der Historie lokal vorliegen und sind nicht auf eine durchgehende Verbindung zum Netzwerk angewiesen; zudem werden die Änderungen sehr schnell ins Haupt-Repositorium übertragen.

Abbildung 1: Schematische Versionsprotokollierung

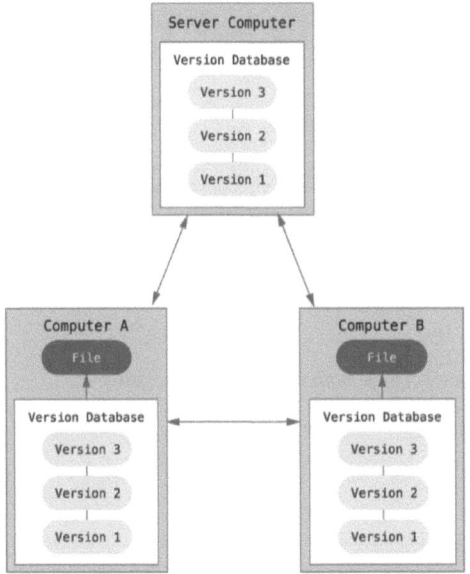

Wenn mehrere Programmierer zusammenarbeiten, empfiehlt sich eine Versionskontrolle, bei der Änderungen an einzelnen Dateien protokolliert und abgeglichen werden (Quelle: Chacon & Straub, 2014)

Entsprechend bietet Git daher kein Lock-System, sondern jeder User erzeugt seine eigenen Branches, die dann ins Haupt-Repositorium hochgeladen werden. Jeder Nutzer hat außerdem standardmäßig Lese- und Schreibberechtigung für das gesamte Verzeichnis (sollen dennoch unterschiedliche Berechtigungen existieren, müssen unterschiedliche Hauptverzeichnisse angelegt werden). Jede Arbeitskopie ist ein eigenständiges Back-up des Hauptverzeichnisses, was von Vorteil ist, wenn dieses ausfällt oder beschädigt ist. Git zeichnet nur die Inhalte von Verzeichnissen auf, weshalb leere Verzeichnisse automatisch gelöscht werden, bietet dafür Vorteile wenn keine dauerhaf-te Netzwerkverbindung besteht und sichert bei einem Ausfall den Verlust des Hauptre-positoriums, da Git ein verteiltes Informationssystem ist (IONOS, 2020).
Einige Entwicklungsumgebungen (IDE, *Integrated Development Environment*) haben Git als Versionsverwaltung bereits integriert.

2.2.1. Clone

Wenn ein vorhandenes Verzeichnis von GitHub oder GitLab auf den lokalen Rechner geladen werden soll, klont das Kommando das Verzeichnis anhand der einzigartigen Kennung (URL, *Unique Resource Locator*):

```
$ git clone <repository-url>
```

Um ein vorhandenes Verzeichnis in SVN zu git zu migrieren, kann folgendes Kommando ausgeführt werden, wobei anstelle von svn-repo-url die URL des Repositoriums eingetragen werden sollte:

$ git svn clone <svn-repo-url> —stdlayout

Um wiederum ein git-repository mit SVN zu synchronisieren, ermöglicht dies ein Rebasing (siehe 2.3.7) mit:

$ git svn rebase

2.2.2. Fetch

Mit diesem Befehl werden alle bestätigten Versionen (*engl.* commits), Objekte und Referenzen heruntergeladen:

$ git fetch

2.2.3. Merge

Damit die bestehende Version mit aktualisierten Nachfolger des Hauptverzeichnis kombiniert wird, kann der Befehl

$ git merge

ausgeführt werden.

Abbildung 2: Schematische Darstellung einer Kombination von Versionen

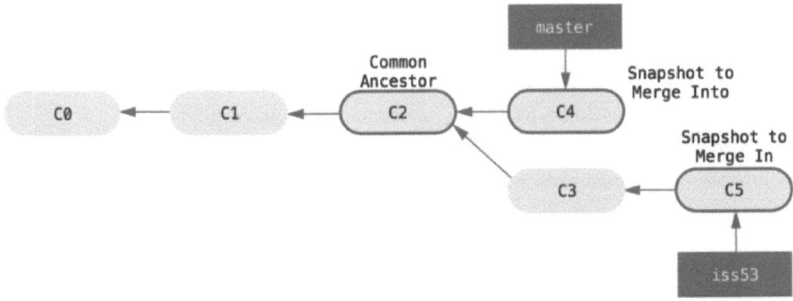

Wenn mehrere Programmierer zusammenarbeiten, empfiehlt sich eine Versionskontrolle, bei der Änderungen an einzelnen Dateien protokolliert und abgeglichen werden. In der Darstellung wird visualisiert, wie Versionen aufeinander aufbauen und eine alternative Version in den Hauptstrang integriert werden kann, sodass die Funktionalität im Kern vorhanden ist und Verbesserung implementiert werden können (Quelle: Chacon & Straub, 2014)

2.2.4. Pull

Um auch die Versionen und Änderungen anderer Entwickler zu verwenden, sollte das folgende Kommando verwendet werden:

$ git pull

Dabei wird die Versionskette (*engl.* branch) auf dem lokalen Rechner mit der Version im Verzeichnis verglichen und aktualisiert, sodass ein nahtloser Übergang entsteht. Dieser Befehl ist eine Kombination aus *git fetch* wie auch *git merge* um alle zugehörigen Dateien zu beziehen wie auch mit vorhandenen Versionen abzugleichen.

2.2.5. Commit -c

Um veränderte Dateien endgültig auch zu verwalten, kann mit

$ git commit -c

die Datei im derzeitigen Pfad mit einer Nachricht des Autors versehen werden, damit in Zukunft auch nachvollzogen werden kann, welche Änderungen geschehen sind.

2.2.6. Push

Der Befehl *git push* sendet Änderungen, die in einer lokalen Versionshistorie (*engl.* branch) vorgenommen wurden, zu einer entfernten Version mit dem gleichen Namen. Der Syntax für *git push* ist wie folgt:

```
$ git push <remote> <branch>
```

<remote> ist der Name des entfernten Verzeichnisses, während *<branch>* der Name der entfernten Version ist, auf den Sie Ihre Änderungen übertragen möchten.

2.2.7. Rebase

Um Änderungen in einer lokalen Version auf die neueste Version des Basisverzeichnisses zu integrieren, wird der Befehl *git rebase* verwendet. Diese Aktion führt dazu, dass alle *git commit* der lokalen Version auf die neueste Version des Basisverzeichnisses aufgetragen werden, anstatt einfach neue *git commit* zu erzeugen, die den Unterschied zwischen den beiden Versionen darstellen.

```
$ git rebase <base branch>
```

Dieser Prozess wird häufig verwendet, um Konflikte zu vermeiden, die entstehen können, wenn mehrere Personen an demselben Branch arbeiten. Durch das Übertragen von Änderungen auf die neueste Version des Basisverzeichnisses wird sichergestellt, dass jeder, der an dem Projekt arbeitet, auf einer aktuellen Version arbeitet.

2.2.8. Log

Mit *git log* kann eine Liste der Historie an *git commit* eines Verzeichnisses angezeigt werden. Standardmäßig werden für jeden *git commit* der Autor, das Datum, die Überschrift des Kommentars und die ID des *git commit* angezeigt. Mit verschiedenen Optionen und Argumenten kann die Ausgabe angepasst werden, zum Beispiel nur die letzten *git commit* anzeigen, bestimmte Versionen oder Intervalle anzeigen. Um zwei unterschiedliche Versionen einer Datei miteinander zu vergleichen, kann *git diff* verwendet werden.

```
$ git log
```

```
$ git diff
```

2.2.9. Rollback

Mit dem Befehl *git rollback* wird ein *git commit* rückgängig gemacht, um zu einer früheren Version eines Projekts zurückzukehren. Dies kann auf verschiedene Arten erreicht werden, abhängig von den spezifischen Anforderungen und Umständen. Hier sind einige der häufigsten Methoden:

2.2.9.1. Reset
Damit der Pointer des aktuellen HEAD auf einen früheren *git commit* verschoben wird, kann folgender Befehl ausgeführt werden:

$ git reset

2.2.9.2. Revert
Hiermit kann ein *git commit* rückgängig machen, indem ein neuer *git commit* erstellt wird, der die Änderungen des ursprünglichen *git commit* umkehrt.

$ git revert

2.2.9.3. Checkout
Mit diesem Befehl kann eine frühere Version einer Datei direkt aus dem Verzeichnis in die lokale Version geladen werden, ohne dass der *git commit* rückgängig gemacht wird.

$ git checkout

2.3. Kennzahlen

Kennzahlen (KPI, *Key Performance Indicators*) und Metriken sind Messgrößen, die verwendet werden, um die Leistung eines Prozesses oder eines Systems zu bewerten (Rathee & Chhabra 2022). Sie liefern Informationen darüber, wie gut ein bestimmtes Ziel erreicht wird oder wie sich ein bestimmter Aspekt eines Systems entwickelt. Um bei einer Projektarbeit den Beitrag einzelner Entwickler zu messen, kann die Anzahl an *git commit*, *git merge* pro Tag und so die Änderungsrate (*engl.* churn) an bestehenden Zeilen eines Projekts protokolliert werden. Die Anzahl an Beiträgen sagt jedoch nichts über die Qualität der Beiträge aus (Beckman, et. al., 2021). Die Kennzahlen können verwendet werden, um die Aktivität eines Projekts oder einer bestimmten Datei zu überwachen und Probleme in der Software zu identifizieren. Zudem kann verglichen werden, welche Entwickler Methoden zur kontinuierliche Verbesserung verwenden, indem die Rate und die Qualität von Beiträgen gemessen wird. So können hervorragende Beiträge belohnt werden und unterdurchschnittliche Entwickler besser in ihrer Lernerfahrung unterstützt werden (Hamer, et. al., 2021).

3. Objektorientierte Programmierung

Die objektorientierte Programmierung wurde im Jahre 1970 erfunden. Der Informatiker Alan Kay ist maßgeblich an der Entstehung der objektorientierten Programmierung beteiligt und wird oftmals als Erfinder bezeichnet. Des Weiteren hat er auch die erste Programmiersprache „Smalltalk" im Jahre 1970 entwickelt (Monjau & Schulze, 1992). Den richtigen Durchbruch erlangte die objektorientierte Programmierung aber erst Mitte der 90er Jahre maßgeblich, nachdem die Programmiersprache Java erfunden wurde. Seit dieser Zeit wurden viele weitere Programmiersprachen entwickelt, die alle auf dem Prinzip der objektorientierten Programmierung basieren (Steyer, 2018).

Abbildung 2: Früchte als UML

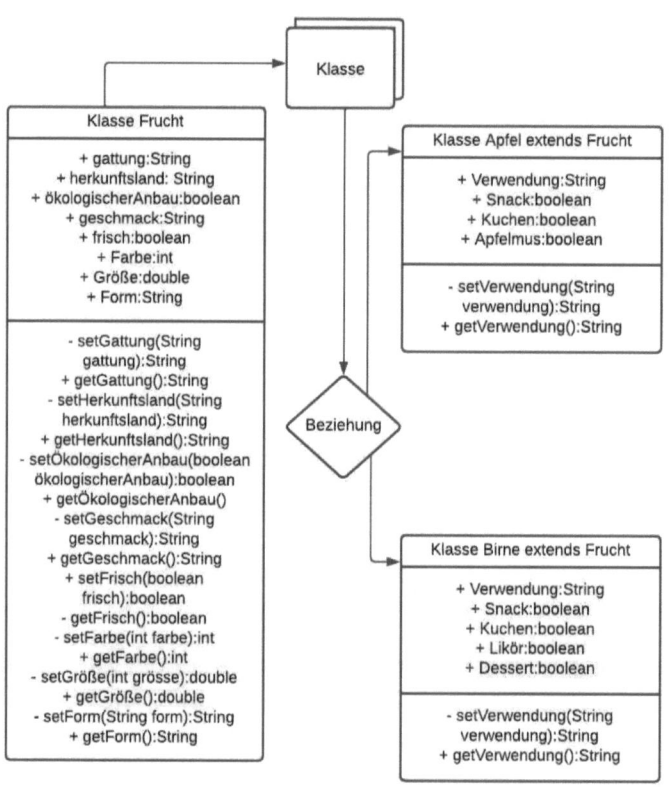

Wie UML verwendet werden kann um die Beziehung zwischen der Superklasse Frucht und Äpfel und Birnen darzustellen
(Quelle: eigene Darstellung, 2023)

Die objektorientierte Programmierung (OOP, *Object-oriented programming*) ist ein Pro-grammierparadigma, bei dem Probleme als Interaktionen zwischen Objekten gelöst werden. Jedes Objekt hat Eigenschaften (Attribute) und Verhaltensweisen (Methoden), die es beschreiben. Objekte können miteinander kommunizieren, indem sie Methoden aufrufen oder Attribute abfragen. OOP fördert eine modulare und wiederverwendbare Programmierung, indem ähnliche Objekte zu Klassen zusammengefasst werden können. Jede Instanz einer Klasse besitzt dieselben Attribute und Methoden, kann jedoch unterschiedliche Werte für diese haben. Im Gegensatz zur prozeduralen und funktionalen Programmierung werden bei OOP Abbildungen von Gegenständen und Begriffen aus der realen Welt erschaffen. Dabei werden Bezeichnungen abstrahiert, sodass Äpfel und Birnen der Superklasse Früchte zugeordnet werden können und beiden die Eigenschaften Gattung, Herkunftsland, ökologischer Anbau, Geschmack, frisch zugewiesen werden (Schneeweiß, 2012 & Küveler, Schwoch, 2017).

3.1. Programmiersprachen

Mit einer Programmiersprache wie Java, Python oder C++ kann eine Anleitung mitsamt Werkzeugen und Zuständen in einem Quellcode geschrieben werden. Diese werden dann in einem Compiler überprüft, welcher danach einen Bytecode erstellt. Dieser Bytecode kann auf virtuellen Maschinen und Endgeräten wie PC, Smartphone & Toaster ausgeführt werden (Sierra & Bates, 2006). Jede Programmiersprache besitzt ihre eigene Syntax. In Java werden Anweisungen in geschweiften Klammern geschrieben und mit einem Semikolon abgeschlossen (Ullenboom, 2019). Jeder Programmcode kann auch kommentiert werden, um die Lesbarkeit und Verständlichkeit zu erhöhen (Abts, 2020). Bei der Syntax gibt es erhebliche Unterschiede zwischen den Programmiersprachen Python, C++ und Java (Riesen, 2021). Die Syntax von C++ ist um einiges komplexer als Java, da sie strenge Regeln vorgibt. Die sprachliche Syntax von Java wird nicht kontrolliert und es ist eine flexiblere Programmierung möglich (Schneeweiß, 2012).

3.1.1. Java

Java verwendet eine speichersichere Typisierung, bei der Typen bei der Compilierung überprüft werden, um Fehler zu vermeiden. Es wird auch eine virtuelle Maschine verwendet, die es ermöglicht, Java-Code auf verschiedenen Plattformen auszuführen, ohne dass er für jede Plattform neu kompiliert werden muss. Die Interpretierbarkeit bedeutet, dass der maschinenunabhängige Bytecode auf einer Zielplattform interpretiert werden kann. Multithreading (Parallelisierbarkeit) bedeutet, dass eigenständige Programmabschnitte parallel ablaufen können. Ein Programm kann dynamisch an die Rahmenbedingungen angepasst werden und ist so flexibel im Hinblick auf das Verhalten, ohne dass man alle Teile des Programms anpassen muss (Parsons, 2020). Java verfügt auch über eine umfangreiche Bibliothek mit bereits implementierten Klassen und Methoden, die häufig verwendete Funktionalitäten wie Datei-I/O, Netzwerkverbindungen und Erstellung von graphischen Oberflächen (GUI, *Graphical User Interface*) bereitstellen. Zusammenfassend ermöglicht Java eine plattformunabhängige, objektorientierte Programmierung mit sicherer Typisierung und einer umfangreichen Standardbibliothek (Ullenboom, 2018). Mit Ähnlichkeiten in der Syntax zu C# wird Java genutzt, um das Betriebssystem (OS, *Operating System*) Android zu entwickeln, welches auf den meisten Smartphones und Tablets der Welt verwendet wird.

3.1.1. Python

In Python kann Code in kurzen, einfachen Schritten geschrieben werden, wodurch es einfach zu erlernen und zu lesen ist. Es verwendet eine speichersichere Typisierung, bei der Typen erst zur Ausführungszeit bestimmt werden, was die Entwicklung beschleunigt. Python verfügt über eine umfangreiche Standardbibliothek mit bereits implementierten Funktionalitäten, die oft verwendete Aufgaben wie Datenstrukturen, Datei-I/O und Netzwerkverbindungen vereinfachen. Darüber hinaus gibt es eine Vielzahl von Bibliotheken, die eine breite Palette an Funktionalitäten bereitstellen, darunter maschinelles Lernen, Datenanalyse und mehr.

3.1.1. C++

Bei C++ handelt es sich um eine Programmiersprache, die Ende der 1970er bzw. Anfang der 1980er als Erweiterung zu der Programmiersprache C von dem Informatiker Bjarne Stroustrup entwickelt wurde. Alles was C enthält, funktioniert auch vollständig in C++ (Küveler, Schwoch, 2017). C++ verwendet eine statische Typisierung, bei der Typen zur Kompilierungszeit bestimmt werden, wodurch es möglich ist, frühzeitig Fehler zu erkennen und die Geschwindigkeit der Ausführung zu optimieren. Der Quellcode wird also in eine maschinenlesbare Sprache übersetzt, bevor das Programm ausgeführt wird. Dies unterscheidet sich von dynamischen Typensystemen, bei denen Typen erst zur Laufzeit bestimmt werden. Die statische Typisierung von C++ ermöglicht es Entwicklern, sichere und effiziente Programme zu schreiben, aber kann auch zu höherer Komplexität führen, da der Typ jeder Variablen zur Kompilierungszeit angegeben werden muss (Schneeweiß, 2012). Außerdem zeichnet C++ die Mehrfachvererbung aus. Desweiteren verwendet C++ nur wenige Schlüsselwörter (nur um die 60). Wie auch schon bei der Programmiersprache C erhalten diese die Funktionalität durch die Standardbibliothek (Augsten, 2017). Es werden auch mehrere Programmierparadigmen unterstützt, einschließlich objektorientierter, generischer und funktionaler Programmierung. C++ erfordert ein tieferes Verständnis der Computerarchitektur und der niedrigeren Schichten des Systems und wird hauptsächlich für die Entwicklung von OS, Spielen, Anwendungen und anderen Systemen verwendet, die eine hohe Leistung und Kontrolle erfordern. C findet bei Mikrocontrollern von Arduino Anwendung und Objective-C wird bei iOS und macOS von Apple verwendet, während C++ und C# bei Produkten von Microsoft Anwendung findet.

3.2. Konzepte

OOP nutzt eine bestimmte Art des Programmierens, die auf Konzepten wie Klassen, Objekte, Methoden, Vererbung, Polymorphismus und Kapselung basiert. Um Methoden zu nutzen, werden Variablen mit Datentypen benötigt. Diese Konzepte werden verwendet, um die Programmierung effizienter, übersichtlicher und wiederverwendbarer zu gestalten.

3.2.1. Klassen

Klassen definieren die Eigenschaften und Methoden einer bestimmten Art von Objekten. Klassen besitzen vor allem drei Hauptaufgaben. Sie legen die Struktur von Objekten fest, bestimmen das Objektverhalten und werden bei der Erzeugung von Objekten eingesetzt (Hölzl, Raed, Wirsing, 2013, S.1). Klassen werden verwendet, um eine Art von Objekten zu definieren, indem die gemeinsamen Eigenschaften und Verhaltensweisen dieser Art von Objekten beschrieben werden. Eine Klasse kann als Vorlage für die Erstellung von Objekten verwendet werden. In einer Klasse werden also noch nicht die speziellen Inhalte der Objekte festgelegt, sondern nur Attribute und Methoden (Schneeweiß, 2012, S.166-168).

3.2.2. Objekte

Objekte sind Instanzen einer Klasse, die bestimmte Daten und Funktionalität besitzen. Objekte sind Instanzen einer Klasse und besitzen ihre eigenen Eigenschaften (auch Attribute genannt) und Methoden. Ein Objekt kann Daten speichern und bestimmte Aktionen ausführen, die in der Klasse definiert sind. Jedes Objekt ist ein einzigartiger Fall einer Klasse und kann unterschiedliche Werte für seine Attribute besitzen. Ein Objekt kann also sowohl ein Buch als auch ein Bankkonto sein. Objekte werden mittels Attribute (auch Eigenschaft genannt) und Methoden (auch Funktionen genannt) beschrieben. Informationen zum Zustand und alle Eigenschaften des Objekts werden durch Attribute beschrieben. Beispielhaft könnte man da die Farbe des Objekts nennen. Methoden hingegen können zum Beispiel die Farbe ändern. Sie können also die Funktionalitäten der Objekte ausführen. Ein Objekt kann zahlreich viele Attribute und Methoden besitzen. Um ein Objekt zu konstruieren, muss eine Klassendefinition existieren (Schneeweiß, 2012, S.166-168).

3.2.3. Methoden

Mit der Methoden *set* können Werte erstellt werden und diese in Variablen gespeichert werden die wiederum mit einem *get* abgerufen und verwendet werden können. Je nachdem, ob eine Klasse als *private, public* oder *protected* deklariert wurde, kann die Variable nur innerhalb einer Klasse oder im gesamten Projekt verwendet werden (Abts, 2020). Innerhalb von Methoden können ebenfalls Variablen zur Erledigung der Aufgaben angelegt werden, sogenannte lokale Variablen, welche nach Erreichen der schließenden geschweiften Klammer wieder ungültig werden und im Programmcode nicht weiter aufgerufen werden können (Goll & Heinisch, 2016).

Abbildung 3: Beispiel für eine Klasse mit den Methoden get und set in Java

```java
public class Person {
    private String name;
    private int age;

    public Person(String name, int age) {
        this.name = name;
        this.age = age;
    }

    public void setName(String name) { // Person.setName("Constantin");
        this.name = name;
    }

    public String getName() {
        return name;
    }

/* System.out.println(Person.getName());
   Constantin */

    public void setAge(int age) {
        this.age = age;
    }

    public int getAge() {
        return age;
    }
}
```

Textbasiertes Beispiel für eine Klasse mit den Methoden get und set für die Attribute name und age in der Programmierspra-che Java zur Erläuterung einer Klasse und wie Attribute darin gesetzt und abgerufen werden. Die Nutzung der Klassenmetho-den ist in den Kommentaren erläutert und erfolgt in einer Main Klasse eines Projekts (Quelle: eigene Darstellung, 2023)

3.2.4. Vererbung

Vererbung ermöglicht es einer Klasse, die Eigenschaften und Methoden einer anderen Klasse zu übernehmen. Bei den meisten Programmiersprachen können sowohl Klas-sen als auch Strukturen vererbt werden. Ein Klassenbaum nennt man ineinander ge-schachtelte Klassen. Die Vererbung dieser Klassen ist über den Klassenbaum beliebig oft möglich (Steyer, 2018).

Abbildung 4: Beispiel für eine Klassenvererbung Java

```java
public class Student extends Person {
    private String studiengang;
    private int notenschnitt;

    public Student(String studiengang, int notenschnitt) {
        this.studiengang = studiengang;
        this.notenschnitt = notenschnitt;
    }
}
```

Student.getName(); // Constantin

Textbasiertes Beispiel für eine Klasse mit den Methoden get und set für die Attribute name und age in der Programmierspra-che Java zur Erläuterung einer Klasse und wie Attribute darin gesetzt und abgerufen werden. Die Nutzung der Klassenmetho-den ist in den Kommentaren erläutert und erfolgt in einer Main Klasse eines Projekts. In diesem Fall erbt die Klasse Student von der Superklasse Person die Methode setName(String name) wie auch die Methode getName(), während ein Student als Person zusätzliche Attribute und Methoden erhält (Quelle: eigene Darstellung, 2023)

3.2.5. Polymorphismus

Polymorphismus ermöglicht es einer Klasse, in verschiedenen Formen vorzukommen, je nach Kontext, in dem es verwendet wird. Es können also unterschiedliche Verhalten beim Aufruf derselben Operatoren unterschiedlicher Objekte resultieren. Zur Laufzeit wird dann entschieden, welche Implementierung der Methoden für das Objekt verwendet werden soll (dynamisches Binden). Dieses Verfahren sorgt dafür, dass die objektorientierte Programmierung überhaupt möglich ist und die Programmentwicklung wesentlich vereinfacht wird (Abts, 2020).

Abbildung 5: Beispiel für eine Klasseninstanzierung in Java

Student jura = new Person();
/* Ein Student jura wird als Person instanziiert und erhält alle Methoden der Klasse Person */
Student arzt = new Student();
/* Ein Student arzt wird als Student instanziiert, welcher sowohl die Methoden einer Person als auch eines Studenten enthält, da die Klasse Student von der Klasse Person erbt */
Person student = new Person();
/* Eine Person namens student wird initialisiert, erhält jedoch nicht die Methoden der Klasse Student */

Textbasiertes Beispiel für den Aufruf von instanziierten Klassen, einerseits einer Superklasse Person wie auch der Klasse Student, welche Attribute und Methoden von der Klasse Person erbt (Quelle: eigene Darstellung, 2023)

3.2.6. Kapselung

Kapselung bezieht sich auf die Tatsache, dass bestimmte Eigenschaften und Methoden einer Klasse öffentlich, privat oder geschützt sein können, um unerwünschte Änderungen zu vermeiden. Ein Zugriff auf interne Datenstrukturen ist nur über definierte Schnittstellen möglich. Wenn eine Klasse als *protected* markiert ist, bedeutet dies, dass sie nur innerhalb des gleichen Pakets oder von abgeleiteten Klassen zugänglich ist. Es schränkt den Zugriff auf die Klasse ein und verhindert, dass sie von anderen Klassen außerhalb des Pakets oder von nicht abgeleiteten Klassen verwendet wird (Küveler & Schwoch, 2017).

3.2.7. Datentypen

Daten beschreiben Zeichen, welche eine Information darstellen und das Wort entstammt dem lateinischen Wort *datum* (dt. *gegeben*), basierend auf *dare* (dt. *geben*) - also den gegebenen Tatsachen (Jacobs, 2009). Viele der einflussreichsten Erfindungen in der menschlichen Geschichte, von der Sprache bis zu modernen Computern, waren jene, welche es Menschen erleichtert haben, Daten zu generieren, zu erfassen und zu verarbeiten (Mankiya et. al., 2011). Datentypen sind Klassifikationen von Daten, die bestimmen, welche Art von Daten gespeichert und verarbeitet werden können. Sie legen fest, wie viel Speicherplatz für einen bestimmten Wert benötigt wird und welche Art von Operationen auf diesem Wert ausgeführt werden können. Beispiele für Datentypen sind Ganzzahlen, Fließkommazahlen, Zeichenketten und Boolean-Werte. Ein Datentyp char besitzt den großen Wertebereich, da er ein 16 Bit-Unicode Zeichen darstellt (Goll & Heinisch, 2016). Bei positiven Ganzzahlen ist der mögliche Zahlenbereich eine Stelle kleiner als im negativen Zahlenbereich. Die Ziffer 0 wird immer dem positiven Bereich zugeordnet (Ullenboom, 2019). In den meisten Fällen besitzen virtuelle Maschinen ausreichend Speicherplatz, weswegen hauptsächlich der Datentyp *Integer* für Ganzzahlen verwendet werden kann (Neumann, 2019).

3.2.8. Variablen und Operatoren

Datentypen müssen als Variablen deklariert werden, damit sie im Programm verwendet werden können. Variablen müssen entsprechend Syntaxregeln mit einem Buchstaben, Dollarzeichen oder einem Unterstrich beginnen, wobei reservierte Wörter der Programmiersprache selbst zu beachten sind (Sierra & Bates, 2006).
Variablen dienen also, wie auch aus Funktionen der Mathematik bekannt, als Platzhalter. Sie enthalten einen bestimmten Wert und können neben Zahlen auch auch Zeichenketten in Form von Sätzen, oder sogenannte Wahrheitswerte beinhalten. Variablen können im Laufe eines Programms ihren Inhalt jedoch auch ändern - daher auch variabel (Neumann, 2019).

4. Versionierung

Versionierung bezieht sich auf den Prozess des Dokumentierens und Verwalten von Änderungen an digitalen Assets wie Dateien, Code oder Software. Hierbei werden verschiedene Versionen eines Assets über die Zeit hinweg erstellt, gespeichert und verwaltet. Jede Version verfügt über eine eindeutige Kennung, die es ermöglicht, die Änderungen an dem Asset über die Zeit hinweg nachzuvollziehen und veraltete Versionen zu identifizieren.

4.1. Klassen als einzelne Dateien

Klassen können in einzelnen Dateien gespeichert werden, um die Entwicklung mit Git zu verfolgen. Jede Klasse sollte in einer eigenen Datei gespeichert werden, die den Namen der Klasse enthält. So kann Git einfach die Änderungen an jeder Klasse und Methode separat verfolgen. Es ist wichtig zu beachten, dass bei jeder Änderung an einer Datei ein *git commit* erstellt werden sollte, um die Änderungen zu dokumentieren und zu verfolgen. Auf diese Weise kann jederzeit zu einer früheren Version einer Klasse zurückgekehrt werden oder Änderungen zurückgenommen werden, wenn notwendig (Higo, Hayashi & Kusumoto, 2020).

4.1.1. Projekt Bibliothek

Für ein Projekt Bibliothek werden mehrere Dateien angelegt, welche die Klassendefinitionen für eine Bibliothek, ein Buch und ein eBook erstellt, welches die Methoden und Attribute eines Buchs erbt. Zusätzlich wird eine Klasse für eine Person erstellt, welche ein Buch ausleihen kann. Darüber hinaus existiert eine Klasse für einen Studenten, welcher die Methoden und Attribute einer Person erbt.

Es bestehen keine weitere Abhängigkeiten zu externen Bibliotheken und Paketen.

Das Projekt kann verwendet werden, indem das Verzeichnis geladen wird.

```
$ git clone https://github.com/csinowski/bibliothek.git
```

4.1.2. Klasse Bibliothek

Die Hauptklasse, die auch die Funktion Main enthält, welche Eingaben verarbeitet und Klassen instanziert wie auch Ausgaben liefert.

Abbildung 5: Beispiel für eine Main Funktion Java

```
public static void main(String[] args) {
        Bibliothek Alexandria = new Bibliothek();
        Student Constantin = new Student();
        eBook IterativeEntwicklung = new eBook();
        IterativeEntwicklung.setTitel(
                „Iterative Entwicklung mit Versionsprotokollierung");
        IterativeEntwicklung.setSubTitel(
                „Wie kann die Softwareentwicklung mit der Protokollierung von Ände-
rungen einzelner Klassen und Methoden verbessert werden?");
}
```

Textbasiertes Beispiel für eine Hauptklasse mit instanzierten Versionen der Klassen und Unterklassen eines Programms, welches eine Bibliothek abbildet und ein Buch initialisiert, welches den Titel und Subtitel dieser Arbeit trägt (Quelle: eigene Darstellung, 2023)

In der nächsten Iteration kann die Funktion Main in eine eigene Klasse IO mit Funktionen zur Eingabe und Ausgabe von Daten übergeben werden. Während der Kern des Programms auf einer Übung basiert und auf dem *git branch master* abgelegt ist, wurde die dargestellte Ausgabe im *git branch university* angelegt und mit der *git commit* Nachricht *„Eingereichte Version, die Variable benutzerID wird mehreren Klassen übergeben. Als nächstes muss eine List, ArrayList, Map oder HashMap ermöglichen, erzeugte Buchinformationen zu speichern und abzulegen. Zudem sollte vermerkt werden, welche Bücher von einer Person ausgeliehen und gelesen wurde. Ein Student sollte vorab Vorschläge für benötigte Bücher in Kursen bekommen"* versehen.

4.1.3. Klasse Buch

In der Klasse Buch werden nun entsprechende Attribute mit entsprechenden Datentypen deklariert, sodass einem Buch ein Titel, ein Subtitel, ein Autor, das Erscheinungsjahr, die Kategorie, eine Verlagsnummer (ISBN, *International Standard Book Number*), ein eindeutiger und dauerhafter Identifkator (DOI, *Digital Object Identifiier*) und Verlag zugewiesen werden kann. Zudem können für physische Bücher die Anzahl der insgesamt vorhandenen Exemplare definiert wie auch die Anzahl der ausgeliehenen Exemplare gemessen werden. Zur Verarbeitung werden entsprechende Methoden deklariert. Ebenso beinhaltet die Klasse Methoden, um das Datum zu vermerken, an dem ein Buch ausgeliehen wurde um die Differenz zwischen Abgabe und Rückgabe berechnen zu können.

4.1.4. Klasse eBook

Die Klasse eBook erbt alle Attribute und Methoden eines Buchs und wird um die Attribute zur Kategorisierung eines Dateiformats erweitert wie auch einer binären Abfrage, ob es sich um einen Text handelt, welcher frei verfügbar publiziert wurde (OA, *Open Access*).

4.1.5. Klasse Person

In der Klasse Person wird ein String benutzerID initialisiert, welcher benötigt wird, um zuordnen zu können, welcher Benutzer ein Buch ausleiht. Zusätzlich wird diese Variable auch an die Klasse Buch übergeben, um auch einem initialisierten Buch die Person zuweisen zu können, welche zurzeit ein physisches Exemplar ausgeliehen hat.

4.1.6. Klasse Student

Die Klasse Student erweitert die Klasse Person um die Methode getVerbleibende-ECTS(), welche die Anzahl der aktuell vorhandenen europaweit standardisierten Notenpunkte (ECTS, *European Credit Transfer System*) eines Studenten einliest und basierend auf der benötigten ECTS für einen Abschluss berechnet, wieviele Punkte verbleiben. Die Klasse kann um Funktionen erweitert werden, welche messen, in welchem Studiengang und an welcher akademischen Institution ein Student eingetragen ist. Zusätzlich kann vermerkt werden, welche Bücher bereits gelesen wurden, um zum Beispiel Rückschlüsse darüber zu machen, welche zusätzlichen Bücher die jeweilige Person lesen könnte. Die aktuelle Version kann über Git abgerufen werden.

$ git fetch https://github.com/csinowski/bibliothek.git

5. Zusammenfassung

Pseudocode ist ein nützliches Werkzeug bei der Planung und Übersicht über ein Programm oder Algorithmus, bevor der tatsächliche Code geschrieben wird. Es ermöglicht eine unabhängige und abstrakte Darstellung des Prozesses, ohne sich Gedanken über die spezifische Programmiersprache machen zu müssen. Diese Methode kann zu einer besseren Übersicht und effizienteren Planung beitragen, bevor man sich mit den technischen Details des Codes beschäftigt. Außerdem erleichtert es Änderungen, da der Fokus auf der Beschreibung des Prozesses liegt, anstatt auf den technischen Details. Die Verwendung von UML unterstützt die Übersicht, Planung und Dokumentation von Software-Projekten und kann so die Zusammenarbeit von Entwicklern und anderen Stakeholdern verbessern. Darüber hinaus kann UML auch dazu beitragen, Fehler in der Konstruktion und Implementierung von Software-Systemen frühzeitig zu erkennen und zu beheben. Die Iterative Entwicklung mit Versionsprotokollierung ist ein wichtiger Ansatz in der Softwareentwicklung, bei dem Projekte in kleinen Schritten fortgesetzt und überprüft werden. Durch die Verwendung eines Versionskontrollsystems werden Änderungen an der Codebasis dokumentiert und es kann jederzeit zu früheren Versionen zurückgekehrt werden. Dieser Ansatz ermöglicht eine kontinuierliche Überprüfung, Feedback von Benutzern und Stakeholdern, eine einfachere Zusammenarbeit von Entwicklern und führt zu einer höheren Qualität und Zuverlässigkeit des endgültigen Produkts. Git ist ein verteiltes Informationssystem mit VCS, bei dem jeder Nutzer eine Version in der eigenen IDE verwenden kann, um darauf aufbauend weitere Entwicklungen vorzunehmen. Diese können mit alternativen Versionen abgeglichen werden, um die bestmögliche Lösung zu finden. KPI und Metriken sind Messgrößen, die verwendet werden, um die Leistung von Prozessen oder Systemen zu bewerten. Die Überwachung der Änderungsrate an Dateien und Projekten kann auch dazu verwendet werden, die Leistung von Entwicklern zu messen und hervorragende Beiträge zu belohnen oder unterdurchschnittliche Entwickler besser zu unterstützen. OOP ist ein Programmierparadigma, bei dem Probleme als Interaktionen zwischen Objekten gelöst werden. Jedes Objekt hat Eigenschaften (Attribute) und Verhaltensweisen (Methoden), die es beschreiben. Objekte können miteinander kommunizieren, indem sie (je nach Kapselung) Methoden aufrufen oder Attribute abfragen. OOP fördert eine modulare und wiederverwendbare Programmierung (Vererbung), indem ähnliche Objekte zu Klassen zusammengefasst werden können. Jede Instanz einer Klasse besitzt dieselben Attribute und Methoden, kann jedoch unterschiedliche Werte für diese haben (Polymorphismus). Die Programmierung hat in der modernen Technologie einen hohen Stellenwert, weshalb immer mehr Programmiersprachen und -paradigmen entwickelt werden. Java, Python und C++ implementieren die Konzepte von OOP. Im Gegensatz zur prozeduralen und funktionalen Programmierung werden bei OOP Abbildungen von Gegenständen und Begriffen aus der realen Welt erschaffen.

6. Fazit

Mit Pseudocode und UML kann eine Lösung resourcenschonend dargestellt werden, um frühzeitig Überlegungen zur Implementierung und Gestaltung von Schnittstellen zu beschreiben und mit Projektbeteiligten zu kommunizieren. In der nächsten Iteration bei der Entwicklung eines passendes Produkts kann auf die Erfahrungen aus Testläufen aufgebaut werden. Mit einem VCS wie Git, welches bereits Bestandteil vieler IDE ist können die Beteiligungen aller Entwickler mit KPI gemessen werden, um den besten Ansatz hervorzuheben. Werden einzelne Klassen und Methoden in Git gemessen, kann auch die Rate der Wiederverwendung und Implementierung in weiteren Versionen protokolliert werden, um modulare Artefakte herauszubilden. Im verwendeten Beispiel, welches in der Programmiersprache Java in der IDE IntelliJ und GitHub bereitgestellt wurde, wurde die Hauptklasse weiter unterteilt um mit zusätzlicher Struktur erste Ansätze zur weiteren Entwicklung des Projekts so verfolgen zu können, sodass Änderungen den Kern des Programms nicht beeinflussen. Mit OOP lassen sich Gegenstände wie auch Abläufe aus der realen Welt abbilden und mit den Methoden *get* und *set* in lesbarer Weise mit Eigenschaften versehen und abrufen. Zusätzliche, vorhandene Standardbibliotheken erweitern die Funktionalität einer Programmiersprache, sodass graphische Oberflächen erstellt, Dateien eingelesen und deren Informationen verarbeitet und in Datenbanken verwaltet werden können. Dementsprechend können Bücher unterschiedlichster Verlage in einer Bibliothek aufgenommen, kategorisiert und gefunden werden und Personen nach Nutzergruppen wie Studenten unterteilt werden um passende Zugriffsrechte und Vorschläge anzubieten. Die Klasse Person kann mit einer graphischen Oberfläche erweitert werden, welche einen Benutzernamen, Passwort und ein Konto beinhaltet, welches sowohl ausgeliehene Bücher speichert als auch Vorschläge dazu liefert, welche Bücher interessant für den jeweiligen Nutzer sind. Zusätzlich könnte eine nationale Identität wie auch Rechnungsadresse mit Zahlmethode hinterlegt werden um Käufe von Büchern und die Bezahlung für die Lieferung von physischen Exemplaren wie auch Leihgebühren und Mahngebühren zu vereinfachen. Mit JavaFX und Android kann eine Applikation entwickelt werden, welche das Programm der Bibliothek erweitert, damit digitale Versionen von Büchern auf allen Endgeräten abgerufen und gelesen werden können, während der aktuelle Fortschritt wie auch Markierungen eines Lesers plattformübergreifend gespeichert wird. Dies hängt davon ab, ob die Mehrheit an potentiellen Nutzern Bedarf an dieser Möglichkeit hat und auch bereit ist, digitale Bücher zu leihen und zu kaufen.

Literaturverzeichnis

Abts, D. (2020). Grundkurs Java. In *Grundkurs Java* (pp. 1–11). Springer Fachmedien Wiesbaden. https://doi.org/10.1007/978-3-658-30494-2_1

Benes, G. M. E., & Groh, P. E. (2017). *Grundlagen des Qualitätsmanagements*.

Chacon, S., & Straub, B. (2014). *Pro Git*.

Fleischmann, A., Oppl, S., Schmidt, W. & Stary, C. (2020). Contextual Process Digitalization. Cham: Springer International Publishing. doi:10.1007/978-3-030-38300-8

Hamer, S., Quesada-López, C., Martínez, A., & Jenkins, M. (2021). Using git metrics to measure students' and teams' code contributions in software development projects. *CLEI Electronic Journal, 24*(2). https://doi.org/10.19153/cleiej.24.2.8

Herrmann, J., & Fritz, H. (2016). Qualitätsmanagement - Lehrbuch für Studium und Praxis. In *Qualitätsmanagement - Lehrbuch für Studium und Praxis*. https://doi.org/10.3139/9783446440227

Higo, Y., Hayashi, S., & Kusumoto, S. (2020). On tracking Java methods with Git mechanisms. *Journal of Systems and Software, 165*. https://doi.org/10.1016/j.jss.2020.110571

Beckman, M. D., Çetinkaya-Rundel, M., Horton, N. J., Rundel, C. W., Sullivan, A. J., & Tackett, M. (2021). Implementing Version Control With Git and GitHub as a Learning Objective in Statistics and Data Science Courses. *Journal of Statistics and Data Science Education, 29*(sup1), S132–S144. https://doi.org/10.1080/10691898.2020.1848485

IONOS. (2020, June 15). Git vs. SVN – Von verteilter und zentralisierter Versionsverwaltung.

Jacobs, A. (2009). The pathologies of big data. *Communications of the ACM, 52*(8), 36–44. https://doi.org/10.1145/1536616.1536632

Küveler, G., & Schwoch, D. (2017). Programmieren in C/C++. In *C/C++ für Studium und Beruf* (pp. 1–2). Springer Fachmedien Wiesbaden. https://doi.org/10.1007/978-3-658-18581-7_1

Mankiya, J., Chui, M., Brown, B., Bughin, J., Dobbs, R., Roxburgh, C., & Byers, A. H. (2011). *Big data: The next frontier for innovation, competition, and productivity*

Monjau, D., & Schulze, S. (1992). Smalltalk. In *Objektorientierte Programmierung* (pp. 191–214). Vieweg+Teubner Verlag. https://doi.org/10.1007/978-3-322-84060-8_7

Neumann, M. (2019). *Java Kompendium*. BMU Verlag.

Rathee, A., & Chhabra, J. K. (2022). Metrics for reusability of java language components. *Journal of King Saud University - Computer and Information Sciences, 34*(8), 5533–5551. https://doi.org/10.1016/j.jksuci.2022.05.010

Schneeweiß, R. (2006). *Moderne C++ Programmierung*. Springer Berlin Heidelberg. https://doi.org/10.1007/3-540-45954-5

Sierra, K., & Bates, B. (2006). *Java von Kopf bis Fuß*. O'Reilly Germany.

Steyer, R. (2018). *Programmierung in Python*. Springer Fachmedien Wiesbaden. https://doi.org/10.1007/978-3-658-20705-2

Ullenboom, C. (2018). Java ist auch eine Insel - Einführung, Ausbildung, Praxis.